John Lewis
Por una buena causa

Amanda Jackson Green

Asesoras de contenido

Dra. Artika R. Tyner
Presidente y Directora ejecutiva de Planting People Growing Justice

Cheryl Norman Lane, M.A.Ed.
Maestra
Distrito Escolar Unificado del Valle de Chino

Jennifer M. Lopez, M.S.Ed., NBCT
Coordinadora superior, Historia/Estudios sociales
Escuelas Públicas de Norfolk

Asesoras de iCivics

Emma Humphries, Ph.D.
Directora general de educación

Taylor Davis, M.T.
Directora de currículo y contenido

Natacha Scott, MAT
Directora de relaciones con los educadores

Créditos de publicación

Rachelle Cracchiolo, M.S.Ed., *Editora*
Emily R. Smith, M.A.Ed., *Vicepresidenta de desarrollo de contenido*
Véronique Bos, *Directora creativa*
Dona Herweck Rice, *Gerenta general de contenido*
Caroline Gasca, M.S.Ed, *Gerenta general de contenido*
Fabiola Sepulveda, *Diseñadora gráfica de la serie*

Créditos de imágenes: portada, pág.15 inferior Newscom; pág.3 LOC
(LC-U9- 10380-13); pág.4 Getty Images/Steve Schapiro; pág.5 US Congress;
págs.6–9 Becky Davies; pág.10 LOC (LC-USF33-030372-M2); pág.11 Getty Images/
Bloomberg; pág.14 LOC (HABS KY-288); pág.15 Getty Images/Smith Collection/Gado;
pág.16 LOC (LC-DIG-ppmsca-03119); pág.17 LOC (LC-USZ62-134434); pág.18 Getty
Images/Don Cravens; pág.19 LOC (LC-USZ62-122988); pág.20 LOC (LC-DIG-ppmsc-01270);
pág.20 inferior, pág.21, págs.23–24, pág.26 Getty Images/Bettmann; pág.22 Getty Images/
Robert W. Kelley; pág.25 Everett Collection/Newscom; pág.27 Associated Press;
pág.28 Tami Chappell/REUTERS/Newscom; pág.29 The White House; todas las demás
imágenes cortesía de iStock y/o Shutterstock

Library of Congress Cataloging-in-Publication Data

Names: Green, Amanda Jackson, 1988- author.
Title: John Lewis : por una buena causa / Amanda Jackson Green.
Other titles: Por una buena causa
Description: Huntington Beach, CA : Teacher Created Materials, [2022] |
  "iCivics"--Cover. | Audience: Grades 2-3 | Summary: "John Lewis had a passion for justice. When he
  saw wrongdoing, he spoke up. In the face of challenges, he did not back down. His words and
  courage inspired important change in America"-- Provided by publisher.
Identifiers: LCCN 2021039570 (print) | LCCN 2021039571 (ebook) | ISBN
  9781087622774 (paperback) | ISBN 9781087624099 (epub)
Subjects: LCSH: Lewis, John, 1940-2020--Juvenile literature. | African American civil rights workers--
  Biography--Juvenile literature. | Civil rights workers--United States--Biography--Juvenile literature. | African
  Americans--Civil rights--History--20th century--Juvenile literature. |
  United States--Race relations--Juvenile literature.
Classification: LCC E840.8.L43 G74 2022 (print) | LCC E840.8.L43 (ebook)
  | DDC 328.73/092 [B]--dc23

5482 Argosy Avenue
Huntington Beach, CA 92649-1039
www.tcmpub.com

ISBN 978-1-0876-2277-4

© 2022 Teacher Created Materials, Inc.

El nombre "iCivics" y el logo de iCivics son marcas registradas de iCivics, Inc.

Contenido

Alzar cada voz

Desde que era muy joven, John Lewis tuvo un marcado sentido del bien y del mal. Creía que todas las personas debían ser tratadas con respeto. Ante la injusticia, se negaba a quedarse callado. De hecho, consideraba que era su deber alzar la voz y defender lo que creía que era justo. Lewis a menudo se metía en problemas para luchar por sus valores. Pero no se echó atrás. Tenía la visión de un mundo mejor. Estaba decidido a hacerla realidad.

John Lewis, activista por los derechos civiles, a los 22 años

Gracias a su pasión, Lewis se convirtió en un poderoso líder del movimiento por los **derechos civiles**. Su incansable búsqueda de **justicia** lo llevó a integrar el **Congreso** de Estados Unidos. En el camino, también inspiró a otras personas a alzar la voz. Su recuerdo todavía hoy nos inspira.

El representante John Lewis

Salta a la ficción

Por una buena causa

Era una fría mañana de septiembre en Troy, Alabama. El sol aún no había salido para calentar el aire otoñal cuando John se dirigió en puntillas de pie hasta el gallinero, con los libros de texto entre los brazos. Se arrodilló para acariciar a su gallina favorita detrás de la cabeza.

Esta es una recreación ficcional de una historia real de la vida de John Lewis.

—¿Puedes guardar un secreto, Bitsy? Hoy voy a
la escuela. Mamá y papá dicen que necesitan que
me quede y ayude en el campo. Pero ¡hay tanto
que necesito aprender! Volveré antes de que te
des cuenta.

John caminó silenciosamente hacia la casa a través
de la oscuridad. Allí, apoyó los libros en el piso y
se deslizó por debajo del porche. El polvo lo hizo
estornudar. Unos pequeños guijarros le pincharon las
manos y las rodillas. Estaba incómodo, pero siguió
concentrado en su objetivo. Sus ojos conocían bien
el camino de tierra que tenía adelante.

John sintió que pasaron horas hasta que el autobús escolar llegó por la carretera a toda velocidad, levantando gravilla por el camino. Salió de su escondite y corrió justo a tiempo para alcanzarlo.

—¿Vas a la escuela hoy? —preguntó el Sr. Jones.

John le dijo que sí con la cabeza y se sentó. Apoyó los libros en el regazo. Haciendo equilibrio para que no se le cayeran, se quitó la tierra de las rodillas.

Los padres de John no notarían su ausencia hasta la hora del almuerzo. Seguramente se enojarían. Había desobedecido las reglas. Pero la oportunidad de aprender valía la reprimenda que le esperaba al llegar a casa. "Algunos problemas son por una buena causa", pensó John mientras apoyaba la cabeza contra la ventanilla para descansar durante el largo viaje que tenía hasta la escuela.

Vuelve al texto de no ficción

La vida en la granja

John Robert Lewis nació el 21 de febrero de 1940, cerca de Troy, Alabama. Sus padres eran Eddie y Willie Mae Lewis. Trabajaban como **aparceros**. No ganaban mucho dinero. Pero ahorraban lo que ganaban. Pronto pudieron comprar su propia granja.

Unos aparceros, como la familia de Lewis, trabajan en una granja.

Algodón

A principios del siglo xx, el algodón era el principal producto de **exportación** del Sur. La región tiene un clima cálido y un suelo fértil. Por eso es un lugar ideal para cultivar algodón.

Trabajar en la granja era difícil. Toda la familia hacía su parte. Lewis y sus nueve hermanos tenían muchas tareas. Alimentaban a los animales y limpiaban los corrales todos los días. En la primavera, preparaban los campos para plantar algodón. En el otoño, recogían las cosechas.

Lewis creció en una casa como esta.

Predicar a las gallinas

Lewis era un niño brillante y curioso. Cuando tenía cuatro años, le regalaron una Biblia para Navidad. La leía día y noche. Las historias de los valientes líderes emocionaban a Lewis. Esos héroes habían defendido lo que era correcto, incluso cuando otros no estaban de acuerdo. Algunos fueron a la cárcel por sus ideas. Sin embargo, no tuvieron miedo de desafiar las reglas que perjudicaban a los demás.

Lewis quería ser predicador cuando fuera grande. Vestido de traje y corbata, a menudo inventaba discursos y los recitaba en voz alta. Pensaba que algún día sus palabras e ideas podrían inspirar también a otras personas.

Piensa y habla

¿Cuál es una buena causa para ti?

Lewis se destacaba en el salón de clases. Le encantaba hacer preguntas y explorar nuevas ideas. Sin embargo, sus padres no le permitían ir a la escuela hasta que no terminara sus tareas en la granja. La mayoría de los días, directamente no podía ir. Pero a veces desobedecía a sus padres y se iba a escondidas, para poder aprender. Él decía que era "por una buena causa".

Buenas oyentes

En la granja, una de las tareas principales de Lewis era alimentar a las gallinas. Decía que eran el público perfecto para sus discursos. ¡Siempre lo escuchaban y nunca lo contradecían!

No son iguales

Había una parte de la escuela que realmente le molestaba a Lewis. Como muchos pueblos del Sur, Troy estaba **segregado**. Los niños negros y los niños blancos iban a escuelas separadas. Los estudiantes blancos recibían libros nuevos cada año. Tenían una hermosa área de juegos y mucho espacio para correr en el recreo. Lewis y sus compañeros negros recibían libros viejos y gastados. Su escuela tenía muy poco espacio, y el piso era de tierra. Los estudiantes recibían un trato diferente por su color de piel. Lewis sabía que eso era injusto.

John Lewis asistió a una escuela segregada como esta.

Un niño usa un bebedero segregado.

En su casa, Lewis compartía sus preocupaciones con sus padres. Pero ellos le decían que así eran las cosas. Le pedían que no dijera nada y que no se metiera en problemas. Lewis pensaba que debía haber una manera mejor de actuar. Una vez más, se imaginó a los héroes de su Biblia y los problemas en los que se metían por una buena causa.

Lee, mi niño

A Lewis le encantaban los libros. Su maestra lo animaba a leer todo el tiempo que pudiera. De adulto, escribió tres novelas gráficas sobre su vida. Tenía la esperanza de que su historia inspirara a los niños a alzar la voz por el bien de todos.

Una manera diferente

Cuando Lewis tenía 11 años, hizo un viaje con su tío para visitar a unos parientes que vivían en Búfalo, Nueva York. Búfalo era muy diferente a Troy. Las personas negras y las personas blancas vivían en las mismas zonas. Iban a las mismas tiendas y a los mismos restaurantes. Muchos niños asistían a escuelas **integradas**. ¡Lewis estaba maravillado! Nunca había visto algo así.

Estos niños asisten a una escuela integrada.

Estos valientes niños son abucheados mientras hacen fila para entrar en su escuela integrada.

Lewis volvió a su casa unas semanas después. Troy seguía igual que siempre. Pero él empezó a verlo con otros ojos. Sabía que era posible vivir de otra manera. Los afroamericanos podían tener los mismos derechos que las personas blancas. Lewis quería ayudar a conseguir ese cambio. Pero no sabía bien cómo hacerlo.

La Gran Migración

Desde principios del siglo xx, millones de personas negras abandonaron el Sur. Querían huir de las **leyes de Jim Crow**. En el Norte, también encontraron mejores trabajos y casas. Ese movimiento se conoce como la Gran Migración.

El sendero del Dr. King

En 1954, Lewis comenzó el bachillerato. Ese año, la **Corte Suprema de EE. UU.** tomó una gran decisión. Los jueces dijeron que no era justo separar las escuelas según la raza. Los estados debían poner fin a la segregación escolar. Lewis se emocionó con esa noticia. ¡Finalmente, todos los niños de Troy disfrutarían de las mismas escuelas! Pero el cambio tardó en llegar. Algunos líderes del Sur ignoraron el fallo de la corte. Pensaban que las personas negras no debían ser iguales a las personas blancas. Lewis se sintió frustrado.

Un día, Lewis escuchó a un predicador en la radio. Era el Dr. Martin Luther King Jr. Dijo que todos debían alzar la voz cuando vieran que se maltrataba a otras personas. King pensaba que era un **deber cívico**. Lewis se entusiasmó con esa idea. Después de todo, él tenía voz y sabía cómo usarla.

De púlpitos a piquetes

En el Sur, las iglesias eran el centro de la vida social de las personas negras. Los líderes del movimiento por los derechos civiles también usaban las iglesias. A menudo se reunían en las iglesias para compartir sus problemas y sus ideas sobre cómo lograr un cambio.

El Dr. King habla con unos periodistas.

Piensa y habla

¿Por qué la autora incluyó al Dr. King en un libro sobre John Lewis?

Un líder en ascenso

A los 17 años, Lewis fue a la universidad en Nashville, Tennessee. Allí conoció a un predicador llamado Jim Lawson. Lawson realizaba reuniones en una iglesia local. Llamaba a realizar **protestas no violentas**.

John Lewis

Lewis se sintió inspirado. Organizó **sentadas**. Él y otros estudiantes se sentaron en los mostradores de restaurantes que eran solo para personas blancas. Pero los camareros no los atendían. Las personas blancas les pegaban y los escupían en la cara. La policía llevó a los estudiantes negros a la cárcel. Los estudiantes mantuvieron la calma. Después de varios meses, sus protestas dieron resultado. Los legisladores de Nashville pusieron fin a la segregación.

Los manifestantes se reúnen pacíficamente en el mostrador de un restaurante.

Así, Lewis conoció el poder de las protestas. Se unió a un grupo llamado Viajeros por la Libertad. Viajaban en autobuses por el Sur. Querían acabar con la segregación en los autobuses. La gente los golpeaba. La policía los arrestaba. Pero Lewis y los demás siguieron adelante.

La policía arresta a John Lewis por su trabajo con los Viajeros por la Libertad.

La Primera Enmienda

La Primera Enmienda menciona varios derechos legales. Otorga a todas las personas libertad de expresión, entre otros derechos. Nadie puede ser encarcelado por expresar sus opiniones. Los estadounidenses pueden usar la libertad de expresión para conseguir cambios. Las protestas pacíficas son una manera de hacerlo.

Liderar el cambio

Lewis se hizo famoso por el trabajo que realizó en Nashville. Las personas le pedían que ayudara a generar más cambios. Lewis ayudó a planear una gran marcha en 1963. Unas 250,000 personas viajaron a Washington D. C. Llegaron desde todo el país. Líderes como el Dr. King le hablaron a la multitud. Pidieron la igualdad de acceso a los puestos de trabajo. Hablaron contra las leyes injustas sobre el voto. Pidieron poner fin a las leyes de Jim Crow. Fue allí donde el Dr. King pronunció su famoso discurso "Tengo un sueño".

Lewis (frente, izquierda) marcha junto a King y otras personas para luchar por los derechos civiles.

Lewis habla en la Marcha sobre Washington.

Lewis fue el orador más joven. Tenía 23 años. Habló de las veces que lo habían metido en prisión. Dijo que era un pequeño precio que había pagado para luchar por la justicia. La Marcha sobre Washington inspiró a los legisladores a actuar. Pronto aprobaron la Ley de Derechos Civiles. Esa ley prometió que todos tendrían derecho a votar. Puso fin a la segregación legal. Lewis volvió a comprobar el poder que tenía su voz.

Aviones, trenes y... ¿patines?

Las personas llegaron de todas partes a la Marcha sobre Washington. Ledger Smith hizo un recorrido singular. ¡Viajó en patines! Recorrió unas 685 millas (1,102 kilómetros) en 10 días.

Más problemas por buenas causas

Lewis llegó a ser un líder conocido. Viajaba de ciudad en ciudad para pronunciar discursos. Hablaba sobre los derechos civiles. En 1965, Lewis encabezó una marcha para protestar contra las leyes injustas sobre el voto. Esas leyes impedían que las personas negras votaran.

Manifestantes y policías estatales en el puente Edmund Pettus, en marzo de 1965.

Emite tu voto

La forma de gobierno de Estados Unidos es una **democracia**. El pueblo elige a sus líderes a través del voto. Los ciudadanos de algunos estados también votan ciertas leyes. El voto es una forma de hacer oír su voz.

Unos oficiales de policía golpean a Lewis durante el "Domingo Sangriento" en la marcha de Selma a Montgomery.

Un grupo de manifestantes partió de una iglesia de Selma, Alabama. Pronto llegaron a un puente. Un grupo de policías estatales bloqueó el puente. Se negaron a dejar pasar a los manifestantes. Los policías atacaron a los manifestantes con porras y látigos. Cincuenta y ocho personas terminaron en el hospital. Lewis fue uno de ellos. Un oficial de policía lo golpeó en la cabeza con una porra. Le pegó con tanta fuerza que le fracturó el cráneo.

Los canales de noticias compartieron videos del ataque. Los estadounidenses estaban enojados. Exigían justicia. El presidente Lyndon Johnson escuchó el reclamo. Firmó la Ley de Derecho al Voto. Esa ley prohibió las **pruebas de alfabetización**, que estaban diseñadas para impedir que las personas negras votaran. También se hicieron otros cambios importantes. Lewis se sentía esperanzado. Meterse en problemas había valido la pena.

Servir en el Congreso

Durante las dos décadas siguientes, Lewis siguió hablando sobre el voto. Decía que era la mejor herramienta para lograr el cambio. Les pedía a todos que votaran. En 1986, se presentó como candidato al Congreso como representante de Georgia. Esa vez les pidió a las personas que votaran por él. Así lo hicieron. Y Lewis ganó las elecciones. Después, ¡ganó 16 veces más!

Durante 32 años, Lewis trabajó en el Congreso. Ayudó a redactar cientos de leyes nuevas. Luchó para proteger las libertades de los ciudadanos y para ayudar a los que tenían muy poco. Y dio su opinión abiertamente cuando consideró que las acciones de otros líderes no eran correctas.

John Lewis es elegido como miembro del Congreso.

El Congreso de EE. UU.

El Congreso de Estados Unidos está compuesto por dos cámaras: el Senado y la Cámara de Representantes. Cada estado elige dos senadores. La Cámara tiene 435 miembros. Los estados con más habitantes obtienen más bancas en la Cámara.

En 2009, Barack Obama fue elegido presidente de Estados Unidos. Fue la primera persona negra en ocupar ese cargo. Lewis estaba encantado. Cuando era niño, había soñado con una vida mejor para las personas negras. Obama dijo que Lewis lo había hecho posible. Le agradeció a Lewis por defender la igualdad.

John Lewis y su esposa Lillian celebran su triunfo.

Un legado de paz

Lewis no fue predicador como había soñado cuando era niño. Pero encontró otra manera de usar su voz para cambiar el mundo. Inspiró a otros con sus palabras. Enfrentó las dificultades y el peligro con valentía. Y todo lo hizo con paz y amabilidad.

Lewis murió el 17 de julio de 2020. Tenía 80 años. En sus últimos días, les escribió una carta a todos los estadounidenses. La carta se publicó en un periódico para que todos pudieran leerla. En ella, Lewis animaba a las personas a defender sus creencias. Alentaba a todos a seguir el camino de la paz. Y les decía que no tuvieran miedo de meterse en problemas por una buena causa.

Lewis junto a líderes de "ambos lados del recinto"

Un gran honor

El presidente Obama le entregó a Lewis la **Medalla Presidencial de la Libertad**. Elogió a Lewis por haber usado su voz. Lewis les allanó el camino a otros, dijo Obama. Obama tenía la esperanza de que más personas se pronunciaran a favor del cambio.

Glosario

aparceros: personas que cultivan la tierra para los terratenientes y reciben una parte de las ventas como pago

Congreso: el Senado y la Cámara de Representantes de EE. UU.

Corte Suprema de EE. UU.: el tribunal más alto del país

deber cívico: el deber de servir a la sociedad

democracia: una forma de gobierno en la que el pueblo vota a sus líderes

derechos civiles: los derechos que todas las personas deben tener, sin importar cuál sea su religión, raza o género

exportación: acción de vender cosas a otros países o regiones

integradas: abiertas o accesibles para todas las razas

justicia: un trato imparcial e igualitario ante la ley

leyes de Jim Crow: leyes estadounidenses que permitían o exigían la segregación racial y la discriminación contra los ciudadanos negros

Medalla Presidencial de la Libertad: una distinción otorgada por el presidente de EE. UU. a quienes hicieron contribuciones significativas al país

protestas no violentas: manifestaciones pacíficas, generalmente realizadas por grupos grandes y organizados, para mostrar el desacuerdo con una ley o política

pruebas de alfabetización: pruebas de lectura que a menudo se tomaban para oprimir a las personas negras

segregado: separado en grupos según la raza, como práctica o como política oficial

sentadas: protestas en las que las personas se sientan pacíficamente en un lugar

Índice

Civismo en acción

Cuando las personas quieren generar cambios, usan sus derechos para pasar a la acción. Hasta pueden meterse en problemas por una buena causa. Pueden escribir cartas o hacer carteles. Pueden pronunciar discursos como hizo John Lewis. Siempre, sus acciones muestran lo que es importante para ellos. Quieren que las cosas sean justas para todos.

1. Piensa en un problema que exista hoy en día.

2. Piensa por qué ese problema es importante para ti.

3. Escribe un discurso o haz un cartel para compartir lo que piensas sobre ese tema.

4. Pronuncia el discurso o comparte el cartel que hiciste.

5. ¿Qué cambio esperas que se produzca?